AF196811

DIE ECHTE BUCKET LIST
für Eltern

Die

ECHTE

BUCKET
LIST

— FÜR —

ELTERN

250 Dinge

die man
MIT SEINEN KINDERN
erlebt haben muss

ELISE DE RIJCK

PLAZA

ICH BIN ELISE, ANGENEHM *SHAKE HANDS*!
2015 HABE ICH MEIN ERSTES BUCH GESCHRIEBEN. DIE BUCKET LIST HAT SICH SCHNELL
ZU EINEM BESTSELLER ENTWICKELT, SODASS EIN NACHFOLGER NICHT LANGE AUF SICH
WARTEN LASSEN DURFTE. WEIL ZU ZWEIT BEKANNTLICH ALLES SCHÖNER IST (AUSSER VIELLEICHT
DER GANG ZUR TOILETTE), HABE ICH WEITERE BÄNDE GESCHRIEBEN, DIE MAN MIT JEMANDEM
TEILEN KANN, DEN MAN LIEBT. DIESES BUCH IST EINER DAVON.
DIE ÜBRIGEN BÜCHER FINDET IHR UNTER WWW.HEEL-VERLAG.DE - ODER FOLGT MIR AUF INSTA-
GRAM, FACEBOOK ODER TWITTER UNTER @ABUCKETLISTLIFE. ICH HOFFE, IHR WERDET MIT DIESEM
BUCH GENAUSO VIEL SPASS HABEN WIE ICH BEIM SCHREIBEN.

MIT DIESEM BUCH LERNT IHR EUREN SOHN ODER EURE TOCHTER NOCH BESSER KENNEN, UND ER/SIE EUCH! IHR KÖNNT SPANNENDE ABENTEUER ERLEBEN, UND MIT ETWAS GLÜCK WERDEN EURE TRÄUME WAHR. ZUGEGEBEN, DAS STIMMT NICHT GANZ. DENN DIE EINZIGEN PERSONEN, DIE EURE TRÄUME ERFÜLLEN KÖNNEN, SEID IHR SELBST. ABER DAS BUCH KANN EUCH EINEN KLEINEN SCHUBS GEBEN.

IN DIESEM BUCH FINDET IHR 250 VERRÜCKTE, WITZIGE, EINZIGARTIGE UND MANCHMAL AUCH SEHR ERNSTE DINGE, DIE IHR MIT EUREM KIND ERLEBT HABEN MÜSST. EGAL, OB IHR MAMA UND PAPA SEID, OB DU ALLEIN MAMA ODER ALLEIN PAPA BIST – MIT DIESEM BUCH WIRD DAS FAMILIENLEBEN NOCH UNTERHALTSAMER. ECHT WAHR! IHR WERDET SCHÖNE MOMENTE ERLEBEN, AN DIE IHR EUCH, GENAU WIE EUER KIND, EIN LEBEN LANG ERINNERN WERDET. DENN GEMEINSAM VERBRACHTE ZEIT IST DAS SCHÖNSTE GESCHENK, DAS IHR EUCH GEGENSEITIG MACHEN KÖNNT.

OB IHR EUCH DIESE BUCKET LIST NUN ZU ZWEIT ODER ZU DRITT VORKNÖPFT: ICH FORDERE EUCH AUF, ALLE PUNKTE AUF DER LISTE UMZUSETZEN, ODER ZUMINDEST DIE, DIE EUCH SPASS MACHEN (DENN ES IST EUER LEBEN). ES GIBT KEINE SPIELREGELN UND KEIN ZEITLIMIT. DIESES BUCH SOLLTET IHR EUER LEBEN LANG AUFBEWAHREN.

SEID IHR BEREIT FÜR NEUE ABENTEUER? DANN AUF DIE PLÄTZE, FERTIG, LOS!

TEILT EURE ERFAHRUNGEN AUF INSTAGRAM, FACEBOOK ODER TWITTER MIT DEM HASHTAG #ABUCKETLISTLIFE, UM ANDERE MAMAS UND PAPAS ZU INSPIRIEREN, DIE SCHÖNSTEN, COOLSTEN UND LUSTIGSTEN ELTERN DER WELT ZU SEIN.

stop dreaming,
start doing!

HAPPINESS IS homemade.

Dieses Buch gehört

&

Einem unglaublich vertrauten,
liebevollen und unzertrennlichen Mama-/
Papa*- und Sohn-/Tochter*-Team seit

---/---/---

*Nichtzutreffendes bitte streichen.

Das ist unser schönstes Foto:

Das ist unser lustigstes Foto:

Zwei Seiten

☑ WIR SIND EIN KLEINES BISSCHEN VERRÜCKT.
☐ WIR SIND IMMER SEHR ERNST.

SO LÄSST SICH UNSERE FAMILIE AM BESTEN BESCHREIBEN:

HIER WOHNEN WIR:

DAS MACHEN WIR AM LIEBSTEN ZUSAMMEN:

UND DAS ÜBERHAUPT NICHT:

DAS FINDE ICH AM BESTEN AN DIR:

über uns!

UND DAS FINDE ICH AM BESTEN AN DIR:

_____

WENN DU DAS MACHST, WERDE ICH TRAURIG:

_____

UND ICH WERDE TRAURIG, WENN DU DAS MACHST:

_____

ICH MAG DICH AM LIEBSTEN, WENN DU:

_____

UND ICH MAG DICH AM LIEBSTEN, WENN DU:

_____

DAS IST DAS SCHÖNSTE GESCHENK, DAS DU MIR JE GEMACHT HAST:

_____

UND DAS IST DAS SCHÖNSTE GESCHENK, DAS DU MIR JE GEMACHT HAST:

_____

DIESE PIZZA TEILEN WIR UNS AM LIEBSTEN:

_____

Ähhm, teilen? Soll das ein Witz sein?

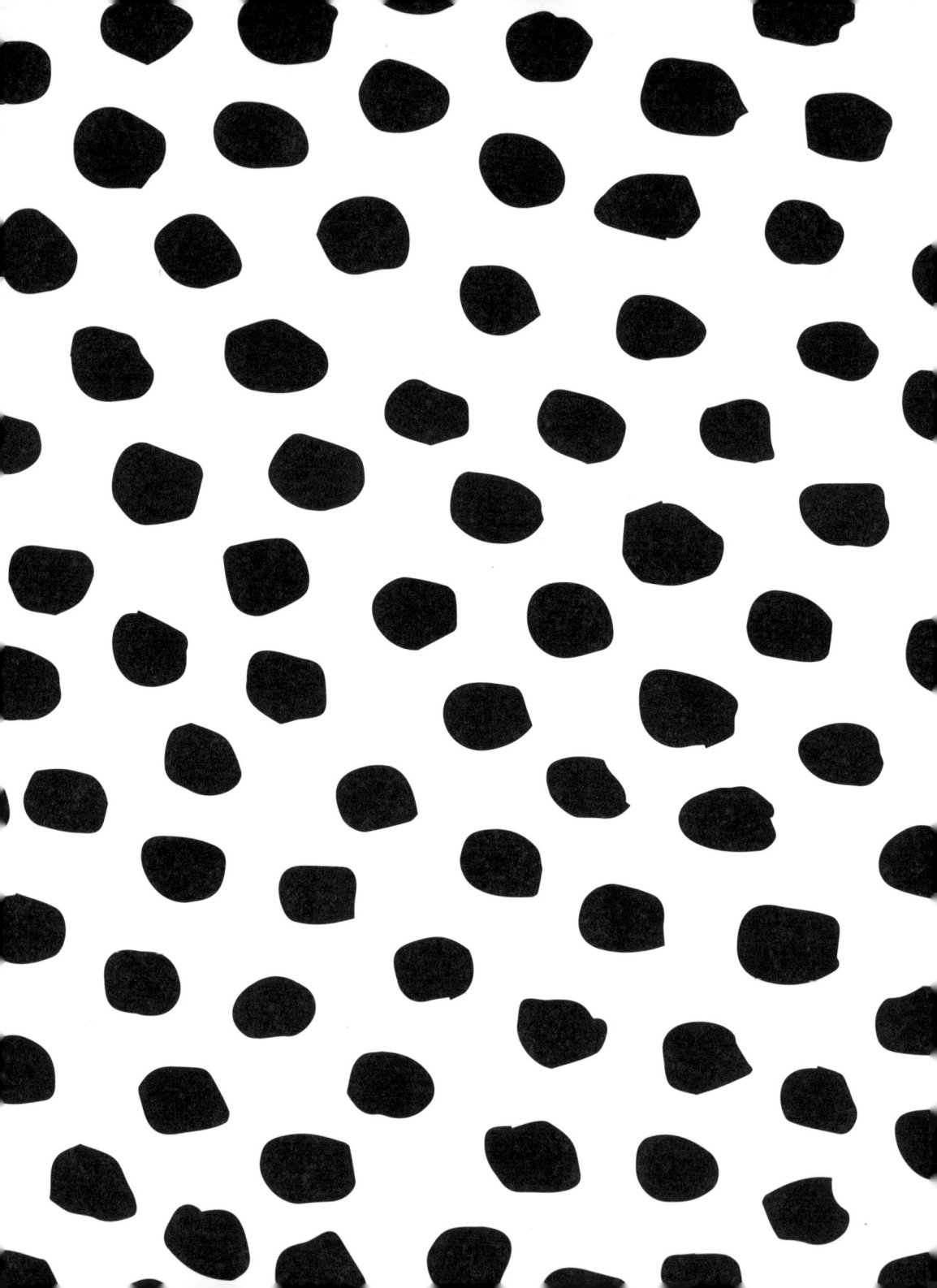

TODAY'S LITTLE MOMENTS
BECOME TOMORROW'S PRECIOUS
MEMORIES.

1. ☑ EINE BUCKET LIST ZUSAMMENSTELLEN.
GLÜCKWUNSCH, DIE ERSTE AUFGABE IST ABGEHAKT. WEITER SO!

2. ☐ Euch als Osterhase verkleiden!
Na hör mal, das fängt ja gut an.
#ABUCKETLISTLIFE

3. ☐ Tierspuren im Wald entdecken.

4. ☐ Das Kinderzimmer einrichten.

5. ☐ UM DIE WETTE EINEN LUFTBALLON AUFPUSTEN, BIS ER PLATZT. PÄNG!

6. ☐ Dich am Mutter- oder Vatertag verwöhnen lassen.

7. ☐ Einen festen Kindertag im Jahr einführen.

8. ☐ ZUR GEBURT DEINES KINDES EINEN BAUM PFLANZEN UND GEMEINSAM ZUSEHEN, WIE ER WÄCHST

9. ☐ Deinem Kind bei den Hausaufgaben helfen.

10. ☐ Dein Kind zum ersten Mal bei jemand anderem lassen.

11. ☐ Eine Kissenschlacht machen!

12. ☐ Sich gegenseitig um die Wette kitzeln!

13. ☐ Wasserballonschlacht!

14. ☐ Sich zusammen verkleiden.

JA, DU, DAS GILT AUCH FÜR DICH.

smile!

15. ☐ STOLZ SEIN NACH DEM ERSTEN ELTERNSPRECHTAG MIT SEINEM/ IHREM LEHRER ODER SEINER /IHRER LEHRERIN.

Das wurde gesagt:

----

16. ☐ Eine Gute-Nacht-Geschichte vorlesen!

17. ☐ ZUSAMMEN IN EINEM RUDERBOOT SITZEN.

18. ☐ Im Partnerlook gehen.

19. ☐ Für die Schule lauter leckere Sachen in die Brotdose packen.

20. ☐ ERKLÄREN, WO DIE KINDER HERKOMMEN.

uiii!

Punkt 18 als Foto festhalten.

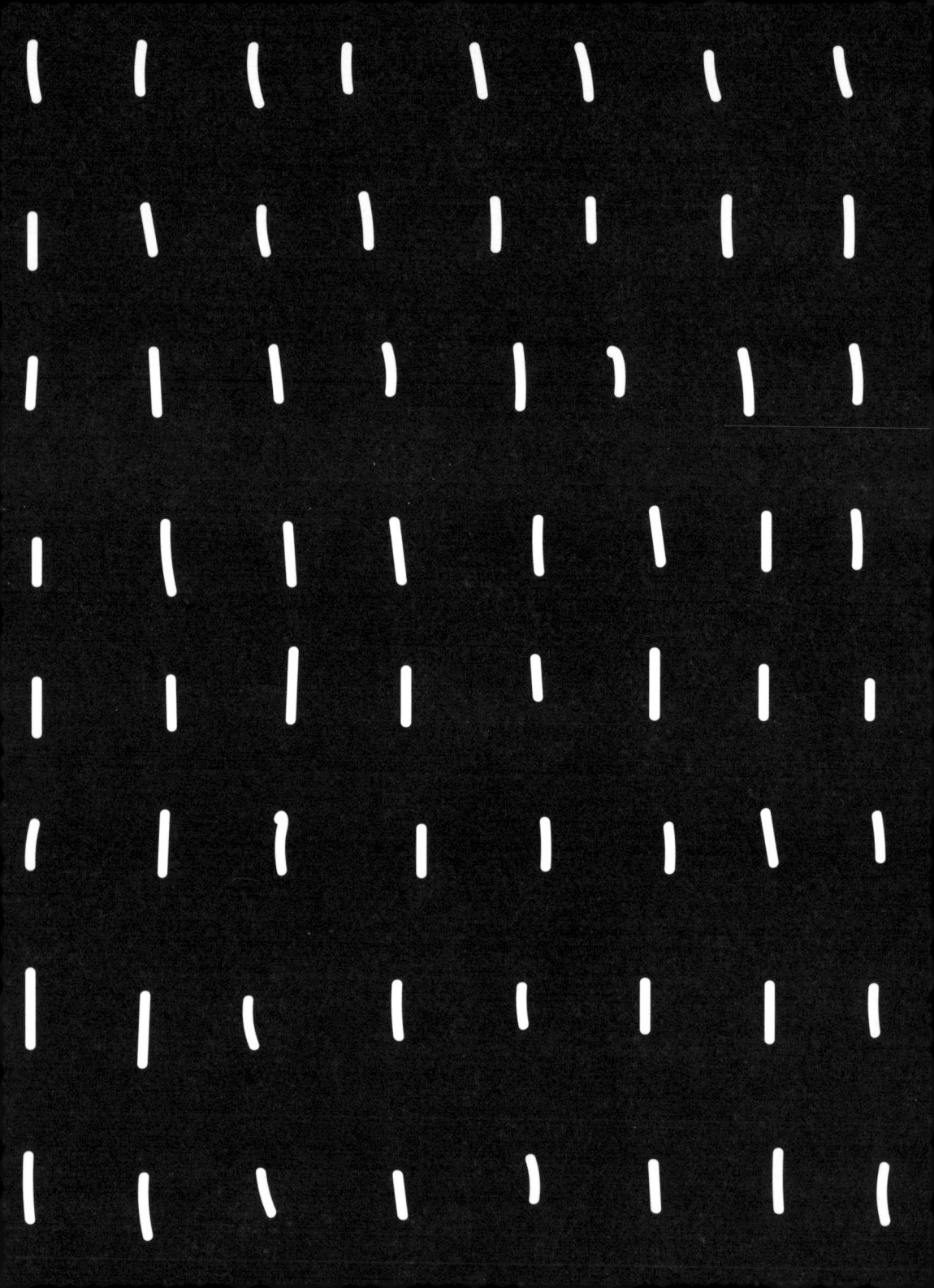

good times
become
good memories.

21. ☐ Auf dem Kinderstuhl essen!

UND NICHT GLEICH IN DIE LUFT
GEHEN, WENN DIE SPAGHETTISAUCE
AUF DEM WEISSEN STUHL LANDET.

WEISS MIT ROTEN PUNKTEN IST DER NEUE TREND, ECHT!

22. ☐ Wer kann mit dem selbst
gebauten Katapult am weitesten schießen?

23. ☐ SICH GEGENSEITIG MIT TOILETTENPAPIER EINWICKELN.

brrrr...

Was für eine unheimliche Mumie!

24. ☐ Eine Familienfeier organisieren und diese als jährliche Tradition einführen!

_____

wir feiern das

25. ☐ Wer hat am schnellsten den Lutscher aufgeschleckt? _____

26. ☐ ZUSAMMEN EINE SCHULAUFFÜHRUNG BESUCHEN.

27. ☐ Eine Patentante wählen: _____

☐ Und einen Patenonkel: _____

28. ☐ Zusammen Holz für
den Kamin sammeln.

29. ☐ Gemeinsam durch die Wellen springen.

30. ☐ BÖSE WERDEN
☐ UND SICH KAPUTTLACHEN

denn du erkennst dich in ihm/ihr wieder.

31. ☐ Ihm/ihr das Kochen beibringen.

32. ☐ Im Schwimmbad
zusammen Wasserbomben machen.

33. ☐ BARFUSS IN EINEM SPRINGBRUNNEN TANZEN.
     ☐ UND IM MATSCH.
   ☐ IN EINER PFÜTZE.
     ☐ UND NATÜRLICH AUCH IN EINEM KUHFLADEN.

34. ☐ Einen Sandmann am Strand bauen.
Denn Schneemänner baut ja jeder!

35. ☐ Eine Schatzkarte zeichnen und sie/ihn auf Schatzsuche schicken!

36. ☐ EINE JÄHRLICHE PREISVERLEIHUNG ORGANISIEREN.
DER PREIS FÜR DIE BESTE MAMA/DEN BESTEN PAPA GEHT AN:

———————————————————————

UND DER PREIS FÜR DEN LIEBSTEN SOHN/DIE LIEBSTE TOCHTER GEHT AN:

———————————————————————

Vergebt auch einen Preis für die lustigste Tante, die verrückteste Schwester, den klügsten Cousin ...

37. ☐ Sie/ihn auf einer Schaukel anschubsen.
☐ Und sich auch von ihr/ihm anschubsen lassen.

38

SICH FRAGEN, VON WEM DAS KIND NUR DIESE KOMISCHEN ANGEWOHNHEITEN HAT

39. ☐ **Gemeinsam verrückte Grimassen ziehen.**

ha, ha, ha, sagenhaft!

40. ☐ IHM/IHR DIESES BUCH SCHENKEN, WENN ALLE PUNKTE ERLEDIGT SIND.
#MEMORIES

41. ☐ Ein zweites Exemplar des Buches für seine/ihre Kinder kaufen. #tradition

42. ☐ Zusammen sein/ihr erstes Glas Champagner trinken.

43. ☐ Wie Wölfe den Vollmond anheulen!

44. ☐ ZUSAMMEN MITTAGSSCHLAF HALTEN.

45. Die Welt kennenlernen.

DIESE LÄNDER/ORTE HABEN WIR ZUSAMMEN BESUCHT.

☐ ----------------

☐ ----------------

☐ ----------------

☐ ----------------

☐ ----------------

☐ ----------------

☐ ----------------

☐ ----------------

☐ ----------------

☐ ----------------

☐ ----------------

☐ ----------------

☐ ----------------

☐ ----------------

☐ ----------------

☐ ----------------

☐ ----------------

☐ ----------------

☐ ----------------

☐ ----------------

☐ ----------------

☐ ----------------

☐ ----------------

☐ ----------------

☐ ----------------

☐ ----------------

☐ ----------------

☐ ----------------

☐ ----------------

☐ ----------------

☐ ----------------

☐ ----------------

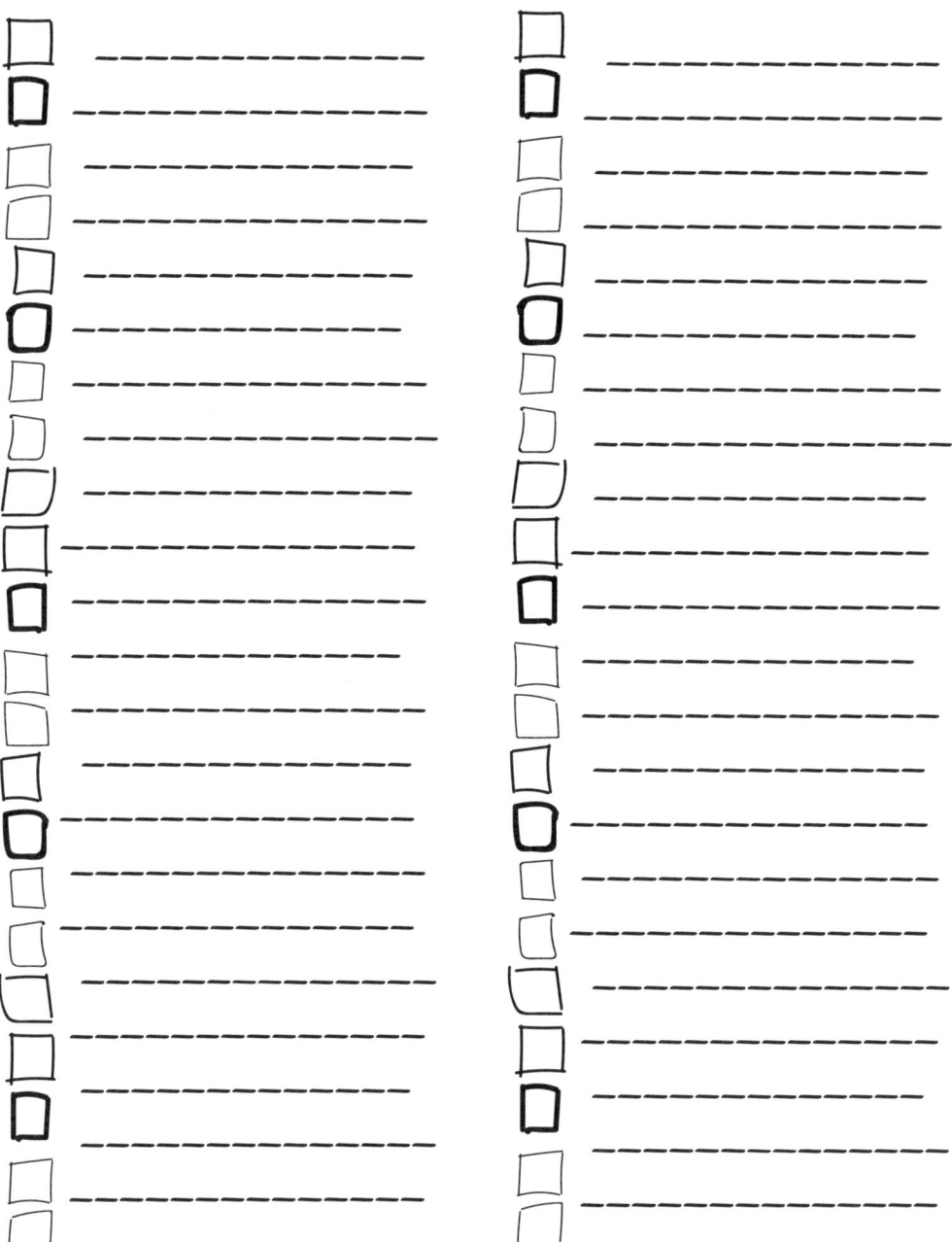

46. ☐ Zusammen auf dem Schoß des Weihnachtsmanns sitzen.

ho ho ho!

47. ☐ **Etwas Verbotenes tun!**
Aber nicht dem Weihnachtsmann verraten, versprochen!

48. ☐ Ihn/sie beim ersten Liebeskummer trösten.

49. ☐ Gemeinsam Mama auf den Arm nehmen.
☐ Oder Papa!

50. ☐ Vierhändig Klavier spielen.

HAPPY
IS THE NEW RICH.

51. ☐ Seine/ihre Pubertät überleben.
Viel Erfolg!

52. ☐ EIN WUNDERBARES LEBKUCHENHAUS BAUEN!

53. ☐ DER ERSTEN LIEBE DIE HÖLLE HEIß MACHEN.

54. ☐ DAS KIND AM ERSTEN SCHULTAG
ZUR SCHULE BEGLEITEN..
Aber flott jetzt, okay?

55. ☐ Deinen Schwiegersohn/deine Schwiegertochter
zum ersten Mal treffen.

56. ☐ Zusammen Karussell fahren.

57. ☐ AM TISCH DIE PLÄTZE TAUSCHEN.

58. ☐ Bitte recht freundlich!

Ein „peinliches" Familienfoto machen! Sucht auf Google nach Ideen!

Überlegt euch eine lustige Bildunterschrift.

59. ☐ SEINE/IHRE WINDEL WECHSELN.

60. FLUGZEUG SPIELEN.

DU LIEGST AUF DEM RÜCKEN MIT DEN BEINEN IN DER LUFT UND ER/SIE IST DER PILOTIN/DIE PILOTIN!

61. ☐ Wohnzimmer-Disco!

Verwandelt euer Wohnzimmer in eine echte Disco! Stellt eure Lieblingsmusik an, zieht euch schön an, bereitet Kindercocktails zu und serviert kleine Häppchen! Die Party kann losgehen!

62. ☐ OHNE MESSER UND GABEL ESSEN!

Aber erst die Hände waschen!

63. ☐ Zusammen an einem Malwettbewerb teilnehmen.

64. ☐ SICH EINEN COOLEN HANDSCHLAG AUSDENKEN.

65. ☐ Jedes Team braucht seinen Lieblingssong.

Das ist unserer:_____

66. ☐ Das Auto waschen und sich gegenseitig einseifen.

67. ■ Heute geht's auch mal ohne Strom!

68. ☐ ZUSAMMEN DEN WEIHNACHTSBAUM SCHMÜCKEN.

Oh Tannenbaum,
oh Tannenbaum ...

69. ☐ DIE NASEN ANEINANDER REIBEN!

70. ☐ Eine Flasche Kinderchampagner leerspritzen.

71. ☐ Ein Museum besuchen.

72. ☐ IHM/IHR DAS FRÜHSTÜCK ANS BETT BRINGEN.

73. ☐ Die Zahnfee einladen.

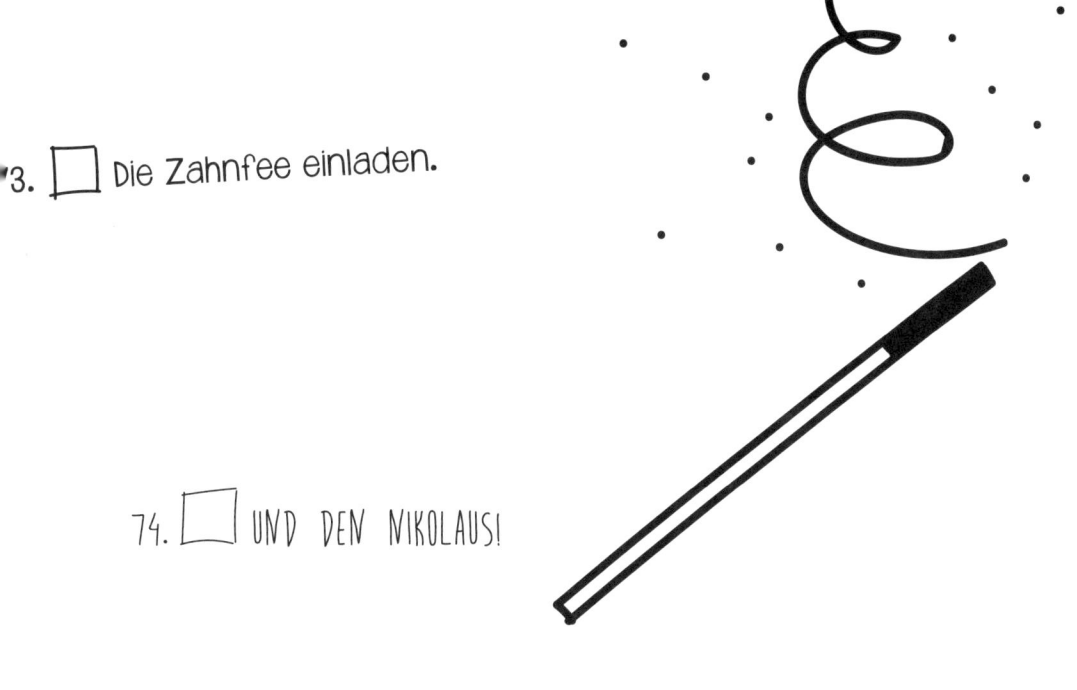

74. ☐ UND DEN NIKOLAUS!

75. ☐ Unsere Namen in den Sand schreiben!

76. ☐ Sonntagsmorgens zusammen im Bett liegen.

77. ☐ Eis zum Abendessen!

78. ☐ Ihm/ihr von meiner Kindheit erzählen und Spiele von damals spielen.

79. ☐ **Sticker sammeln für ein Stickerbuch.**

the best

memories

ARE MADE TOGETHER.

81. ☐ BEEREN PFLÜCKEN.
☐ UND ÄPFEL.

82. ☐ Ein Tier aus dem Tierheim retten.

83. ☐ Für sein/ihr Studium sparen.

84. ☐ EIN FOTO VON IHM/IHR IM PORTEMONNAIE AUFBEWAHREN.

85. ☐ Zusammen einen Gemüsegarten anlegen und aus der Ernte etwas kochen.

86. ☐ AUF FLIEGENJAGD GEHEN.

WER FÄNGT DIE MEISTEN FLIEGEN?

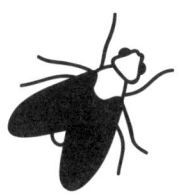

87. ☐ Ihn/sie von der ersten Party abholen!

88. ☐ Seine/ihre Zukunft vorhersage

Schreib es auf und gib ihm/ihr den Zettel, wenn er/sie mit der Ausbildung fertig ist

89. ☐ UNSER GEMEINSAMES HOBBY:

90. ☐ Esst einmal Spaghetti ohne Hände!

91. ☐ Ich sag nur: Ententanz!

92. ☐ PACK DEIN KIND MIT STOFFTIEREN EIN, BUCHSTÄBLICH!

93. ☐ Zusammen Piñatas zerfetzen!

94. ☐ ZUSAMMEN ESSEN GEHEN.
☐ UND SICH GEGENSEITIG EIN GERICHT BESTELLEN.

95. ☐ Nachts schwimmen gehen.

96. ☐ EINEN MORGENSPAZIERGANG MACHEN.

97. ☐ Eine Erinnerungskiste für alle gemeinsam erlebten Abenteuer anlegen.

98.

☐

BEDINGUNGSLOSE LIEBE GEBEN,

AUCH WENN ER/SIE DINGE TUT, MIT DENEN DU NICHT EINVERSTANDEN BIST.

99. ☐ MIT EINEM GO-KART DURCH DEN PARK CRUISEN.

100. ☐ WER KANN AM BESTEN EINEN PINGUIN IMITIEREN?

----

101. ☐ Heimlich sein/ihr Lieblingsspielzeug aus Kindertagen aufbewahren und es ihm/ihr zum 30. Geburtstag schenken.

2. ☐ EIN MÄRCHEN ERFINDEN, IN DEM UNSERE FAMILIENMITGLIEDER DIE HAUPTROLLEN SPIELEN.

Schreibt es hier auf, damit es nicht verloren geht.

Es war einmal ... _____

_____

_____

_____

_____

_____

_____

... und wenn sie nicht gestorben sind, dann leben sie noch heute.

103. ☐ Alle Tanten und Onkel auf die Schippe nehmen.

104. ☐ HÜPFKÄSTCHEN VOR DER HAUSTÜR AUFZEICHNEN UND DAFÜR SORGEN, DASS ALLE GÄSTE HÜPFEND INS HAUS KOMMEN.

never forget to play!

105. ☐ PAPIERFLUGZEUGE UM DIE WETTE FLIEGEN LASSEN! WESSEN FLUGZEUG FLIEGT AM WEITESTEN?

- -

106. ☐ Und eine Papierschiffchen-Regatta auf dem Bach machen!

107. ☐ Ganz, ganz lange aufbleiben!

108. ☐ Wenn ich groß bin, werde ich …

Dein Kind soll sich verkleiden, und zwar wie sein Wunschberuf. Davon Fotos machen!

klick klick klick klick klick

109.

Zusammen einen Brief an den Nikolaus schreiben.

Und ganz lieb sein!

110. ☐ Aus dem Tisch eine Deckenburg bauen.
Darin zusammen Bücher lesen und geheime Pläne
schmieden!

111. ☐ Ihm/ihr das Radfahren beibringen.

112. ☐ Ihn/sie einen Tag zur Arbeit mitnehmen!

113. ☐ ZUSAMMEN EINE TAUSCHAKTION VERANSTALTEN!

114. ☐ In einem Sonnenblumenfeld Verstecken spielen.

DON'T

FORGET

TO PLAY.

115. ☐ Euch etwas wünschen, nachdem ihr zusammen eine Pusteblume weggepustet habt.

☐ ZUSAMMEN DIE ALTEN KINDERFOTOS ANSCHAUEN UND EUCH GEGENSEITIG GESCHICHTEN ERZÄHLEN,
WIE NERVIG, LIEB UND/ODER LAUT ER/SIE WAR.

Du kannst ruhig sagen, dass die Windeln ganz schön gestunken haben!

117. ☐ Zusammen einen Roadtrip machen!

Du am Steuer und dein Kind sagt dir, ob du links oder rechts abbiegen sollst.
Und wo seid ihr gelandet?

_____

_____

118. ☐ Nachts aufstehen, um das Baby zu füttern.

119. ☐ Mit ihm/ihr zusammen den Ort besuchen, an dem du aufgewachsen bist!

120. ☐ Ihn oder sie am Tag der Hochzeit zum Altar führen.

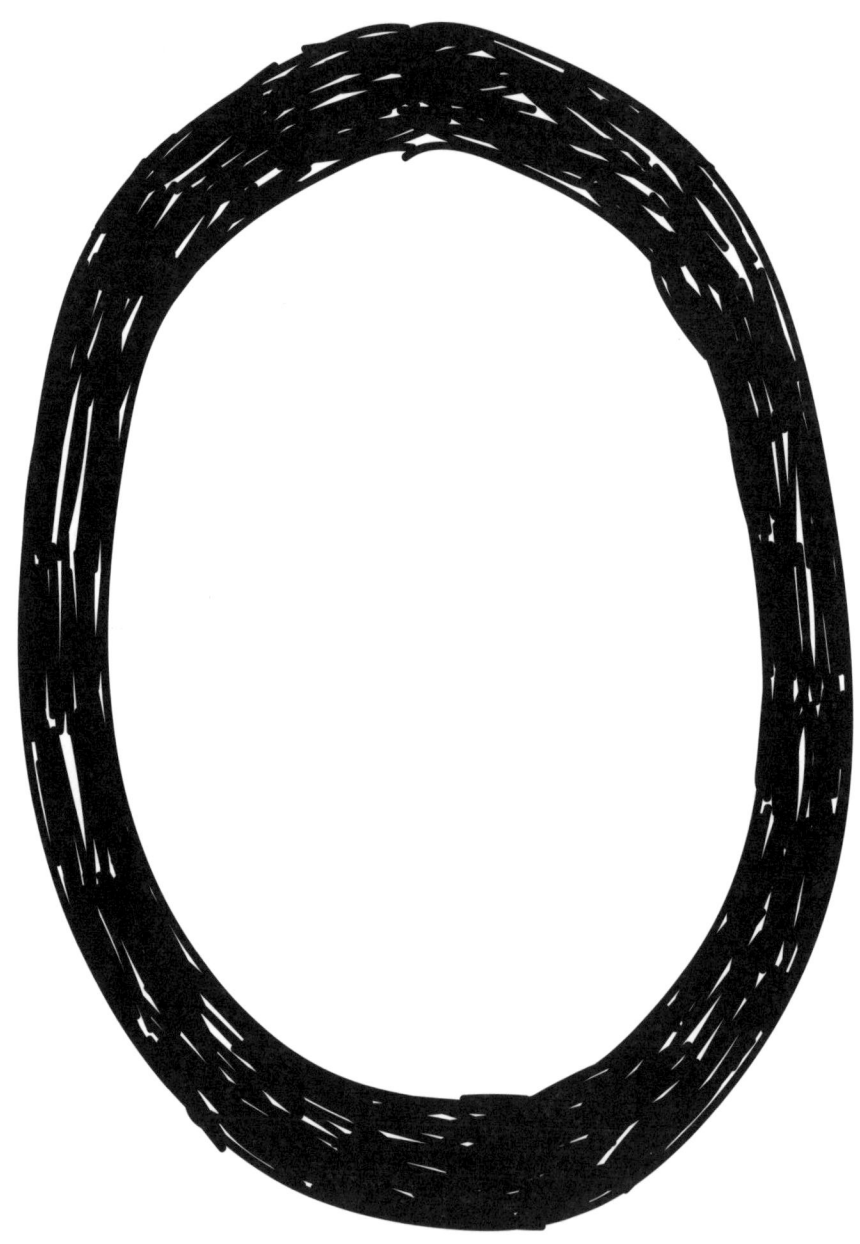

121. ☐ MIT FINGERFARBEN MALEN.
☐ IM REGEN SPIELEN.
☐ ODER SICH EINFACH MAL RICHTIG DRECKIG MACHEN.

122. ☐ Heiße Schokolade zubereiten.

3. ☐ Eine Geburtstagsfeier für euer Haustier organisieren.
Ihr habt kein Haustier? Dann sucht euch im Bach einen Frosch, der Geburtstag hat.

124. ☐ Zusammen Gummitwist spielen.

125. ☐ Gemeinsam das Geschirr spülen

☐ und dabei über Gott und die Welt reden.

126. ☐ EINEN SPIELEABEND VERANSTALTEN!

127. ☐ Mit euren Füßen ein Bild malen.

128. ☐ Im Auto lauthals singen!

☐ Und im Bad.   ☐ Unter der Dusche.

☐ Und auch an der Kasse im Supermarkt.

129. ☐ Sich gegenseitig die Zähne putzen.

130. ☐ Ihm/ihr meine alten Zeugnisse vorlesen.

131. ☐ Seifenblasen machen.

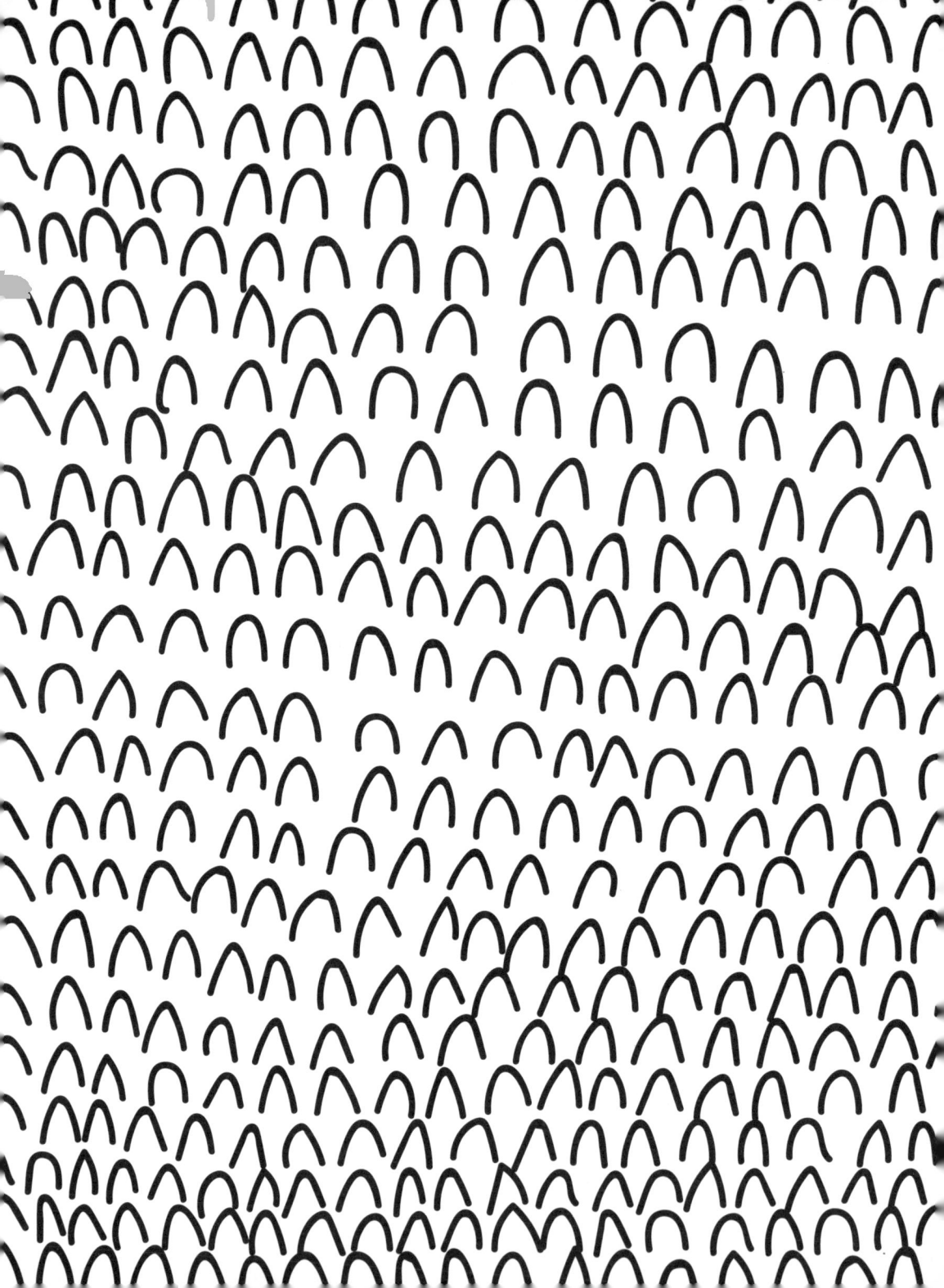

Go outside

AND DO SOMETHING YOU WILL REMEMBER!

132.

Ihn/sie loslassen.

133. ☐ IHM/IHR ALLES ZUM THEMA SEX ERKLÄREN.
Peinlich, aber es muss sein!

134. ☐ OSTEREIER IM GARTEN VERSTECKEN UND IHN/SIE DANACH SUCHEN LASSEN.
BEIM ESSEN·HINTERHER DÜRFEN ALLE HELFEN!

135. ☐ Das Fahrrad aufmotzen! Sein/ihr Fahrrad so dekorieren, dass es das coolste Bike der Straße ist.

136. ☐ Im Dunkeln Verstecken spielen.

Taschenlampen sind erlaubt!

137. VONEINANDER LERNEN.
☐ DAS HABE ICH IHM/IHR BEIGEBRACHT: _____
ER/SIE IST SEHR GUT DARIN/MUSS NOCH VIEL LERNEN.
☐ DAS HAT ER/SIE MIR BEIGEBRACHT: _____
ICH BIN SEHR GUT DARIN/MUSS NOCH VIEL LERNEN.

138. ☐ Zusammen über einen Bach springen.

In der Eisdiele den größten Eisbecher mit zwei Löffeln bestellen!
Sich vielleicht sogar gegenseitig füttern.

Life is a collection of moments.

COLLECT GOOD ONES!

140. ☐ UM MITTERNACHT ZUSAMMEN DIE STERNE BEOBACHTEN.

141.
☐
Den Garten für den Sommer startklar machen.

142. ☐ Sein/ihr Lieblingsbuch lesen.

143. ☐ Bekanntschaft mit den Eltern seiner/ihrer Freunde machen.

44. ☐ Wer angelt auf der Kirmes die meisten Enten?

45. ☐ Blumen pflücken und einen Strauß für Oma binden.

146. FILMMARATHON: SCHAUT EUCH ZUSAMMEN EURE LIEBLINGSFILME AN

☐ _____

☐ _____

147. ☐ Muscheln suchen.

148. ☐ Für eine Nacht die Zimmer tauschen!
Die Kinder schlafen im großen Bett und
Mama und Papa in den Kinderbetten.

149. ☐ Eine Rakete zum Mond starten

150. ☐ Ein echtes Schloss besuchen und sich königliche Namen füreinander ausdenken.

151. ☐ Möglichst oft miteinander kuscheln.
Aber bitte nicht vor der Schule, okay, Mama?

152. ☐ EIN PAPPHAUS BAUEN!

153. ☐ (VOR-)LESEMARATHON ORGANISIEREN UND ZUSAMMEN UNTER EINE DECKE KRIECHEN.

154. ☐ ZUSAMMEN EINKAUFEN GEHEN
☐ ODER GEMEINSAM ZUM FRISEUR!

155. ☐ Einen Freizeitpark besuchen!

156. ☐ MIT DEM GARTENSCHLAUCH EINEN REGENBOGEN MACHEN.

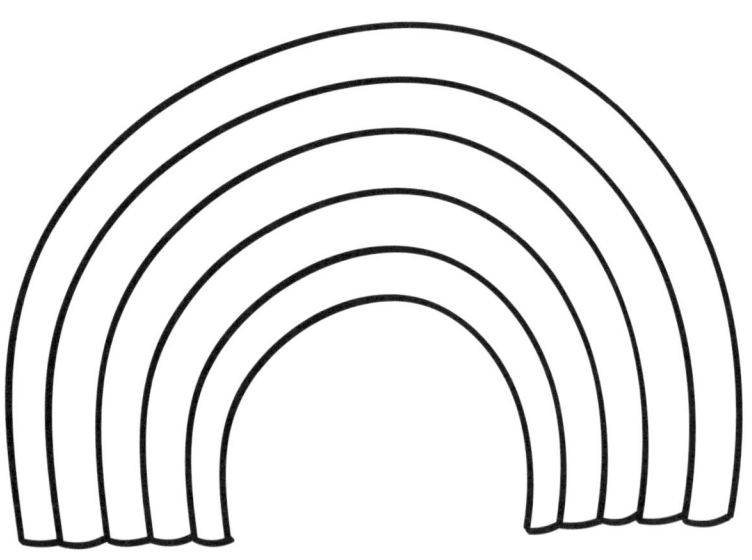

157. ☐ Eine platte Banane unten in seiner/ihrer Schultasche finden.

it happens to everyone.

158. ☐ Zusammen ein Bad mit ganz viel Schaum nehmen.

Ein Schaumbart gehört unbedingt dazu.

159. ☐ FÜR DEINE TOCHTER DEN ERSTEN BH KAUFEN.
☐ ODER EINEN RASIERER FÜR DEINEN SOHN.

160.

☐ FÜR OMA UND OPA EINE TOLLE TORTE BACKEN UND SIE DAMIT ÜBERRASCHEN.
Es ist nicht schlimm, wenn ihr die Küche dabei in ein Schlachtfeld verwandelt.

161. ☐ Dem Hund/der Katze/dem Hamster_____ ein Kunststück beibringen

162. ☐ Im Garten Open-Air-Kino veranstalten!
Und natürlich zusammen Popcorn machen!

163. ☐ Das Supertalent der Familie!

...anisiert einen Talentwettbewerb und tretet in eurer eigenen Familienshow auf!

164. ☐ KINDER-CHEF-TAG!

FÜR EINEN TAG DÜRFEN SIE BESTIMMEN, WAS IHR TUN, WAS IHR ESSEN UND WANN IHR ZU BETT GEHEN MÜSST.

165. ☐ Notiere in einem Büchlein die lustigsten Sprüche deines Kindes.

166. ☐ Im Regen spazieren gehen und zusammen unter dem Regenschirm Schutz suchen.

167. ☐ DAS JUGENDZIMMER NEU EINRICHTEN.

Zuerst darf er/sie das Traumzimmer entwerfen.

168. ☐ EIN FEST GEBEN, WENN DIE KINDER AUS DEM HAUS SIN

GLÜCKWUNSCH, DU HAST ÜBERLEBT!

169. ☐ Ein Vogelhaus aufhängen und die Fettkugeln dafür selbst herstellen.

170. ☐ Ein Iglu bauen!

TOGETHER IS OUR FAVORITE PLACE TO BE.

171. ☐ EINEN HÜGEL HINABROLLEN!

Mama/Papa müssen mitmachen!

172. ☐ ZUR ABSCHLUSSFEIER GEHEN.

Sind die Jahre so schnell vergangen?

173. ☐ Pizza backen und dabei mit italienischem Akzent sprechen!

Gesten inklusive!

174. ☐ Picknick im Haus! Auf einer Decke, auf dem Boden im Wohnzimmer!

175. ☐ ZUSAMMEN PLÄTZCHEN BACKEN UND
IM SENIORENHEIM VERTEILEN!

176. ☐ Ihr/sie auf dem Schlitten ziehen!

177. ☐ Ein Familienwochenende mit mehreren Generationen planen.

178. ☐ Ihm/ihr das Autofahren beibringe

179. ☐ Jeden Monat ein Foto von ihm/ihr vor demselben Hintergrund machen – und zwar 18 Jahre lang!

180. ☐ Zusammen im Wald nach Feen suchen!

Streu im Voraus etwas Glitter an den Stellen aus, an denen sie eine Spur hinterlassen haben.

181. ☐ Fußball spielen im Garten/im Park.

182. ☐ Einen (Kinder-)Bauernhof besuchen und die Schweine streicheln.

183. ☐ ZUSAMMEN JEMANDEM EINEN RANDOM ACT OF KINDNESS ERWEISEN.
EINE SPONTANE GUTE TAT. IHR SEID NETT ZU ANDEREN, OHNE SELBST EINEN VORTEIL DABEI ZU HABEN.

184. ☐ Zusammen in einem Schlafsack/auf einer Matratze die Treppe hinunterrutschen.

185. ☐ Pyjamatag!

186. ☐ Hand in Hand Schlittschuh laufen.

ohne hinzufallen, versteht sich!

187. ☐ Einen Tag lang in einem Musical leben!
Sprechen ist verboten, Singen ist Pflicht!

188. ☐ Zusammen auf einen Baum klettern.

189. ☐ Ihm/ihr Taschengeld geben.

190. ☐ IM PARK DRACHEN STEIGEN LASSEN!

191. ☐ EINE ABENTEUER-RADTOUR MACHEN!
Achtet darauf, dass ihr im Verkehr gut zu sehen seid.

2. ☐ Zu Halloween einen Kürbis aushöhlen
und ein Gesicht hineinschnitzen.

DO IT NOW,

THEY GROW UP SO FAST!

193. ☐ Ihn/sie mit einer Einwegkamera losschicken und eine Fotoausstellung im Wohnzimmer veranstalten.

194. ☐ BEI OMA UND OPA SCHNEE SCHIPPEN.

195. ☐ Reise nach Jerusalem spielen!

196. ☐ Ihm/ihr zum 18. Geburtstag ein Erbstück schenken.

197. ☐ Ein Kostüm für das Haustier entwerfen.
Ein Hund im Bikini sieht sooo süß aus!

198. ☐ DISKUTIEREN, WEM ER/SIE AM MEISTEN ÄHNELT.
DIE AUGEN HAT ER/SIE VON _____
DIE NASE VON_____
UND DEN MUND VON _____

199. ☐ EINEN NEUJAHRSBRIEF VOM SOHN ODER VON DER TOCHTER BEKOMME
☐ UND EINEN BRIEF AN IHN/SIE SCHREIBEN UND VORLESEN.

200. ☐ **Zusammen mit dem Hammer das Sparschwein zerschlagen und mit dem Ersparten etwas Schönes kaufen/unternehmen.**

201. ☐ Ihn/sie mit einer Geburtstagsparty überraschen, auch wenn er/sie gar nicht Geburtstag hat!

202. ☐ Zur eleganten Dinnerparty zu Hause laden. Jeder muss sich fein anziehen und seine Tisch-manieren unter Beweis stellen.

schlürf!

203. ☐ Bei der Erziehung meiner Enkel helfen.
    ☐ Ich mische mich aber nicht zu sehr ein!

204. ☐ EINE WETTE ABSCHLIEßEN.
        Der Einsatz ist _____

205. ☐ Briefe mit lieben Worten auf sein/ihr Kissen legen.

206. ☐ Pilze sammeln
     ☐ im Wald

207. ☐ Auf dem Tandem durch die Waschanlage radeln.

208. ☐ Sich die Lieblingsmusik des anderen anhören.
Meine ist _____
und deine ist _____

209. o ☐ Seine/ihre ersten Schuhe aufbewahren.

210. ☐ SPIELZEUG AN KINDER VERSCHENKEN, DIE SICH DARÜBER FREUEN.

211. ☐ SEIN/IHR GESICHT SCHMINKEN.

Und dich auch schminken lassen!

212. ☐ Unsere Stiefel für den Nikolaus vor die Tür stellen.

Vergiss die Möhren für sein Pferd nicht!

213. ☐ Einen Tag die Schule schwänzen, weil an Schultagen im Freizeitpark immer so wenig los ist.

214. ☐ SCHWIMMEN
☐ IM BÄLLEBAD!

215. ☐ Klingelmännchen spielen.

216. ☐ Einen Babysitter engagieren
und die gemeinsame Zeit (oder die Zeit allein) genießen.

217.

☐

Lauthals zur Musik im Autoradio mitsingen!

218. ☐ Schneckenrennen!

Sucht euch jeder eine Schnecke und baut einen Parcours. Die Schnecke, die als erste über die Ziellinie kommt, hat gewonnen!

219. ☐ Das Einkaufen zur Schatzsuche umfunktionieren.

Er/Sie darf die Einkäufe in den Einkaufswagen legen.

220. ☐ Eine weite Reise in ein Land mit einer völlig fremden Kultur machen.

----

221. ☐ Er/sie darf das Urlaubsziel bestimmen.

Ihm/ihr aus deinem Lieblingsbuch von früher vorlesen.

223. ☐ In einen großen Berg von Laub springen.

224. ☐ Ihr/sie einen Kuchen backen lassen.

☐ Und nicht böse sein, wenn die Küche dann aussieht, als wäre eine Bombe eingeschlagen!

Nur für
Mama & Tochter

225. ☐ Ihr erlauben, mein Make-up zu benutzen.

☐ Ihm zeigen, wie man sich rasiert.

Nur für
Papa & Sohn

226. ☐ Einen Pustering für Seifenblasen selber basteln.

227. ☐ HINDERNISLAUF!

Baut einen Hindernisparcours im Haus, bei dem niemand den Boden berühren darf!

228. ☐ EIN KÜKEN STREICHELN.

229. ☐ Sich gegenseitig mit dem Gartenschlauch nass spritzen!

230. ☐ Zusammen überlegen, wie der zukünftige Schwiegersohn/ die zukünftige Schwiegertochter wohl aussehen wird:

Zeichnet ihn/sie hier auf (oder fertigt eine Collage, wenn ihr nicht gut im Zeichnen seid).

231. ☐ Gelbe Autos zählen.

232. ☐ Ein Lagerfeuer im Garten machen (das Gras wächst an der Stelle schnell wieder nach)

☐ und Hotdogs am Stock braten.

233. ☐ IM WALD AUF ENTDECKUNGSREISE GEHEN. WER FINDET DIE MEISTEN BLÄTTERSORTEN?

234. ☐ Touristen spielen in einer Stadt.

Dein Sohn/deine Tochter darf natürlich die Stadt aussuchen.

235. ☐ ER/SIE DARF MICH UMSTYLEN.
☐ UND SO MUSS ICH DANN ZUM SUPERMARKT.

236. ☐ Oma und Opa einen Telefonstreich spielen und sie dazu mit verstellter Stimme anrufen.

237. ☐ Zur Bibliothek gehen und die schönsten Bücher ausleihen.

238. ☐ An einem einsamen Strand Muscheln suchen

239. ☐ Schon ganz früh zum Strand gehen und beim Picknick den Sonnenaufgang genießen.

240. ☐ Kinderarbeit!

Lass dein Kind ein Essen für dich kochen.

241. ☐ LACHEN, BIS WIR BAUCHSCHMERZEN BEKOMMEN.

242. ☐ MIT DEM AUTOSCOOTER GEGENEINANDERFAHREN!

243. ☐ JA SAGEN, WENN JEMAND UM DIE HAND EURER TOCHTER ANHÄLT.
☐ ODER EUREN SOHN BEIM HEIRATSANTRAG UNTERSTÜTZEN.

244. ☐ Sich gegenseitig mit einem Katapult
Weintrauben in den Mund schießen.

245. ☐ ZUSAMMEN EIN KONZERT BESUCHEN.

246. ☐ EINEN PFANNKUCHEN AN DIE DECKE WERFEN.

247. ☐ MAMA ODER PAPA SEIN,
ABER AUCH DIE BESTE FREUNDIN/DER BESTE FREUND!

248. ☐ SICH GEGENSEITIG FIGUREN AUF DEN RÜCKEN
ZEICHNEN UND RATEN, WAS DER ANDERE GEZEICHNET HAT!

249. ☐ Alle Eissorten in der Eisdiele durchprobieren!

250.

☐

ALLE PUNKTE IN DIESEM BUCH ABHAKEN.

5 TIPPS FÜR EURE EIGENE BUCKET LIST:

1. Schreibt eure gemeinsame Bucket List auf. Wenn ihr eure Träume aufschreibt, werdet ihr sie eher verwirklichen. Die Liste ist ein Versprechen, das ihr euch gebt. In diesem Buch findet ihr 250 Ideen, aber ihr habt sicherlich noch andere Träume. All eure Wünsche und Ziele könnt ihr auf den folgenden Seiten loswerden.

2. Sorgt für Abwechslung. Achtet darauf, dass eure Liste ausgewogen ist und sowohl leichte als auch schwere Aufgaben daraufstehen. Die leichten Aufgaben sollen dafür sorgen, dass ihr auch bereit seid, euch den schwierigeren zu stellen. Sorgt für ausreichend Abwechslung zwischen diesen sechs Kategorien: Erfahrung, Reise/Kultur, Körper/Gesundheit, Wissen/Fertigkeiten, Liebe/Freundschaft/Familie und Sonstiges.

3. Bleibt motiviert! Ihr könnt hunderte Listen schreiben, aber wenn ihr sie dann in die Schublade packt, sind sie sinnlos. Versteht ihr? Versucht, eure Bucket List jeden Monat durchzusehen und regelmäßig Punkte abzuhaken.

4. Lasst andere an euren Erfahrungen teilhaben und inspiriert sie! Teilt eure Bucket List mit Freunden und Familie (oder warum nicht gleich mit dem Rest der Welt?) und regt sie damit dazu an, selbst aktiv zu werden. Dadurch motiviert ihr auch euch selbst, möglichst viele Punkte abzuhaken. Es soll doch niemand auf die Idee kommen, ihr gebt auf, oder?!

5. Genießt es! Das ist zweifellos der wichtigste Tipp, den ich euch geben kann: Habt Spaß miteinander!

ist ein Imprint der
HEEL Verlag GmbH
Gut Pottscheidt
53639 Königswinter
Tel.: 02223 9230-0
Fax: 02223 9230-13
E-Mail: info@heel-verlag.de
www.heel-verlag.de

Deutsche Ausgabe:
© 2019 HEEL Verlag GmbH
6. Auflage 2021

Originalausgabe:
© Uitgeverij Lannoo NV, Tielt 2017

Originaltitel: Het Bucket List boek voor ouders.
250 dingen die je met je kind gedaan moet hebben
Original-ISBN 978-94-014-1111-5

Text und Gestaltung: Elise de Rijck
Satz: Keppie & Keppie

Deutsche Ausgabe:
Satz: Stefan Witterhold, Königswinter
Übersetzung: Birgit van der Avoort, Havixbeck
Projektleitung: Christine Birnbaum und Ulrike Reihn-Hamburger

Alle Rechte, auch die des Nachdrucks, der Wiedergabe in jeder Form und der Übersetzung in
andere Sprachen, behält sich der Herausgeber vor. Es ist ohne schriftliche Genehmigung des
Verlages nicht erlaubt, das Buch und Teile daraus auf fotomechanischem Weg zu vervielfäl-
tigen oder unter Verwendung elektronischer bzw. mechanischer Systeme zu speichern,
systematisch auszuwerten oder zu verbreiten.

Alle Rechte vorbehalten

Printed in Czech Republic

ISBN 978-3-95843-931-1